APPEL

AUX CONTEMPORAINS,

A LA POSTÉRITÉ,

ET PLUS PARTICULIÈREMENT

AUX ÉLECTEURS DE L'ISÈRE;

SUR L'ÉLECTION D'HENRI GRÉGOIRE;

Par J. LAVAUD.

« Malgré l'esprit de parti, si ardent à flétrir les meilleures actions et à calomnier les hommes les plus honnêtes, le nom de Grégoire réveillera toujours l'estime, et inspirera un intérêt fondé sur le sentiment incontestable de ses principes vertueux et de son inflexible dévouement à la cause de la liberté. »

*Portrait d'*Henri Grégoire, *an IV — 1796.*

PARIS,

Chez { CORRÉARD, libraire, Palais-Royal, galerie de bois;
BRISSOT-THIVARS, libraire, rue Neuve-des-Petits-Champs, n° 22.

1820.

Je sais que par le temps qui court, l'homme qui suit les principes et qui s'élève contre les persécutions, tout en remplissant un devoir, prend une résolution et suit une route périlleuse, quel que soit l'avenir. J'accepte en bon citoyen, la mauvaise et la bonne fortune, l'une je l'espère ne pourra point m'abattre, et l'autre ne pourra jamais m'aveugler.

~~~~~~~~~~~~~~~~~~

Extrait de la Constitution de l'an 1814, par M. Grégoire, *ancien évêque de Blois, sénateur, etc., etc.*

« Quand un peuple est bien gouverné, il serait aussi difficile (dit un auteur) de le porter à la révolte, que d'enseigner l'algèbre aux quadrupèdes. Combien seraient heureux et feraient d'heureux les conducteurs des états, si la justice, associée à la bonté, présidant toujour à leur conseil, appelait sur eux les bénédictions et l'amour ! Puisse un gouvernement nouveau se pénétrer de l'idée qu'il importe à son existence de ne pas concentrer ses affections dans un cercle tracé par l'esprit de parti qui n'est pas l'esprit public, mais d'identifier son intérêt avec celui de la grande famille, d'abjurer franchement des prétentions qui, désavouées par les lumières, loin d'affermir un trône, le laisseraient ou le feraient écrouler peut-être au milieu des déchiremens. Les notions immuables du droit des peuples sont enracinées en France, malgré les efforts multipliés par lesquels on a tenté de nous faire rétrograder. Les progrès de l'art social ont une marche accélérée dans plusieurs contrées des deux mondes, et l'esprit humain est émancipé. »

APPEL

AUX CONTEMPORAINS,

A LA POSTÉRITÉ,

ET PLUS PARTICULIÈREMENT

AUX ÉLECTEURS DE L'ISÈRE

INSENSIBLEMENT préparée par le perfectionnement des connaissances humaines et les progrès de la philosophie, non moins que par les déréglemens des gouvernans, l'avilissement et l'oppression des gouvernés, elle approchait, l'époque de la régénération du peuple.

Préparé dans le silence à concourir à ce grand œuvre, Henri Grégoire y fut porté à la fois par le naturel de ses sentimens, la lecture réfléchie des philosophes, des publicistes et des historiens, ainsi que par l'esprit du christianisme qui avait, chez les premiers chrétiens, adouci la barbarie et ramené les hommes à la liberté.

Pieux dans ses plus jeunes ans, il avait trouvé en lui le besoin de secourir le malheur et de soulager l'infortune ; modèle des pasteurs, il se faisait chérir, et étendant aux autres hommes sa tendre sollicitude, il travaillait déjà au bien-être de ses malheureux concitoyens, reste de cette nation antique qui trouve toujours dans ses lois, ses institutions et ses mœurs, le secret de se rendre éternelle.

Le peuple, le clergé et la noblesse allaient nommer des députés lorsqu'il écrivit au clergé de son diocèse. Son nom sortit à Nanci le premier de l'urne électorale; et député du clergé de Lorraine, il rédige le cahier de son ordre, et arrive aux états-généraux précédé de la réputation qu'il s'était déjà acquise.

Depuis lors Grégoire eut toujours une influence directe et heureuse sur les affaires publiques; il défendit toujours les droits du peuple et les droits individuels des citoyens, il combattit toujours le despotisme et la tyrannie, s'occupa constamment des choses qui pouvaient faire le bien-être des hommes, s'éleva toujours contre l'intolérance, demanda la liberté des cultes, soutint les droits de l'église de France, défendit les prêtres persécutés, les protestans, les juifs, les Français dans les fers sur des terres étrangères, les hommes de couleurs, les noirs, les serfs, les Suisses fribourgeois, les Espagnols, les Irlandais et d'autres encore.

Il est bienfaisant par caractère, cherche ceux qui souffrent, fait du bien et rend service à ses ennemis sans même vouloir les connaître. Jamais la vengeance n'approcha de son cœur. Confié tout entier aux destins de la Providence, il sera et se mettra toujours au-dessus de ses ennemis par sa pensée et par ses actions, et à côté d'eux par ses services et par ses bienfaits.

Il ne rechercha jamais des faveurs; le peuple fut toujours le chercher; à l'Assemblée constituante, malgré les intrigues il fut, avant Mirbeau, au troisième tour de scrutin nommé président. Les départements se le disputaient pour l'avoir pour évêque, et il n'entra au sénat qu'après des nominations successives.

Ce serait donc en vain qu'on voudrait dérober Henri Grégoire à la bienveillance publique et à l'estime des hommes. Tout en lui la rappelle et la justifie.

Dévoué à l'intérêt de la chose publique et à l'intérêt

de l'humanité, les hommes qui habitent les contrées les plus éloignées connaissent sa bienveillante philantropie, et les peuples libres et ceux qui sont en mesure de l'être, le saluent comme l'un des plus illustres et des plus intrépides défenseurs de la liberté.

Vous avez, électeurs de l'Isère, donné dans de graves circonstances votre confiance à Grégoire, vos concitoyens de l'Isère ont célébré sa nomination. Cette nomination n'était pas plus répréhensible que celle de Lafayette, de Manuel et de Donou, mais vous l'avez faite à une autre époque; le ministère a vu que la majorité n'allait plus être pour lui s'il ne marchait pas avec le peuple, et les aristocrates ont senti que leurs espérances allaient leur échapper. C'est donc à tort qu'on vous a fait passer pour des fauteurs d'anarchie : loin de là, vous avez doublement servi la France en nommant Henri Grégoire.

Premièrement, parce qu'il est en tout digne de représenter le peuple.

Secondement, parce que vous avez forcé le ministère et la faction monarchique à se dévoiler.

Ce qu'ils font très-vite, ils espéraient le faire insensiblement, et par cela même qu'ils se pressent pour le faire, il n'est pas sûr qu'ils le fassent.

Déjà, par des démonstrations non équivoques, on faisait apercevoir le désir et même la nécessité de revenir aux anciens erremens, on cherchait à reprendre ou à usurper ce qu'on avait perdu, lorsque l'affreux régime de 1816 ne pesa plus sur nos têtes, il fallait un prétexte; les électeurs de l'Isère nommèrent Henri Grégoire, et il fut choisi pour servir de point d'appui à l'accomplissement des projets de la faction monarchique, il fallait un levier; ils prirent l'*indignité*; on mollit devant eux; ils usurpèrent un pouvoir suprême, et ils levèrent la pierre qui fermait l'antre de la contre-révolution.

Le quatrième député de l'Isère est donc venu leur

servir de prétexte pour accomplir des projets anciens. Ils étaient en espérance, lorsque ces messieurs étaient en émigration; ils étaient oubliés lors des prospérités du gouvernement français. Ils ont été repris lorsque les projets liberticides de Bonaparte, mis en exécution, ont appelé l'étranger et l'ont laissé venir sur le sol de la France; alors, par un ombre de considération pour le peuple et pour ne point l'alarmer, on devait ressaisir peu à peu les priviléges. Les prétentions des anciens aristocrates devaient être satisfaites, les hommes d'autrefois devaient bientôt ne plus se trouver sur la ligne de ceux du jour. Mais, sans être instruite, la France se prononçait sur ses besoins et sur ses espérances. La charte vint ajourner ces projets, parce qu'elle consacrait des garanties pour la liberté et l'égalité politique. Mais bientôt après, au mépris de cette charte, on renoua le complot; le 20 mars arriva. On avoua des fautes, on promit de les réparer, et bientôt cependant, nous eûmes une chambre introuvable, des lois des suspects et de procriptions, des tribunaux révolutionnaires cachés sous le nom de cours prévôtales, des conspirations factices et tout ce que traînent à leur suite la tyrannie et l'anarchie. Au milieu de cet affreux désordre, nous étions foulés par l'étranger et tyrannisés de toutes parts. L'ordonnance du 5 septembre, en sauvant le gouvernement d'une chute prochaine, vint arrêter le mal; mais en laissa des germes. Cependant la tranquillité et le repos vinrent peu à peu adoucir nos regrets et nous consoler de l'affreuse situation dans laquelle nous avions été plongé, l'opinion publique se développa peu à peu; enfin la France prit vie. Accablés d'impôts, notre position, pour le temps, ne pouvait guère être meilleure. On voulut encore rouvrir l'abîme. L'opinion se concentra et fit justice de cette imprudence. Quelques nouvelles lois vinrent faciliter le développement de la liberté publique. La France allait à la prospérité, les hommes monarchiques s'en alarmèrent.

Sa position étonnait l'Europe, elle était l'espoir des peuples, et les cabinets étrangers ne semblaient la craindre que pour trouver des motifs de guerre avec elle ou des motifs de division dans son intérieur.

Avant l'élection de votre député, ils l'ont calomnié pour empêcher sa nomination. Après l'élection, tous effrayés, ils se sont agités dans tous les sens; ils l'ont chaque jour abreuvé d'injures, et les hommes qui ont si solennellement promis l'oubli du passé, déplaçaient à son égard les faits, les époques et les circonstances. Plus approchait le 31 mai du 6 décembre, plus ils mettaient d'âcreté dans leurs reproches, de noirceur dans leurs calomnies : on les a vus même laisser loin d'eux leurs fureurs des autres jours.

D'autre part, il n'est point d'intrigues et de propositions qu'on n'ait mis en avant pour lui arracher sa démission.

Quelques-unes de ces démarches furent faites dans de louables intentions; mais on les fit sans pressentir les suites funestes qu'elles pouvaient avoir.

Ainsi, en partie et tour-à-tour, c'étaient des lettres, des agens du ministère, des espions de police, des injures, des menaces, des outrages, et tour-à-tour, c'était toujours cela.

On lui proposait de rendre sa place à l'Institut, qu'on a pu lui ravir, mais qu'on n'a pu lui faire perdre;

Le retour des proscrits dont plusieurs seront toujours pour la France du nombre de ses premiers et de ses plus illustres citoyens ;

L'intégralité de la charte et de la loi des élections. Ainsi, en proposant en retour de sa démission la conservation de la charte, on commençait tacitement par la violer; car arracher par l'ascendant des provocations la démission de votre député, n'était-ce pas l'exclure dans l'ombre ? n'était-ce pas méconnaître ce qu'il vous devait puisque déjà il avait accepté publiquement l'honorable mission dont vous l'aviez revêtu

On ne lui envoya pas de lettre de convocation ; son nom ne fut point prononcé à la séance d'ouverture des chambres et non content de ces manques d'égard, au mépris du règlement et de l'usage, on procéda avant la vérification de ses titres, à la nomination du président.

Il est donc décidé d'avance que votre député ne sera qu'un candidat, et qu'il n'aura point la voix des hommes dont il combattit toujours les usurpations et dont il accusa toujours la faiblesse.

Ainsi, d'une part, on veut sa démission ; il ne la donne point, de l'autre, on veut l'éloigner pour cause d'illégalité. Mais pourquoi une démission, si l'élection est illégale.

Examinons donc avec équité, si l'élection est légale ; et même, si on ne peut pas élever de doutes sur elle.

On ne peut assigner d'autre domicile politique à votre troisième député que le département de l'Isère ; il est un des électeurs de ce département ; il est porté sur la liste de ses éligibles.

Il a acquis, depuis peu il est vrai, la faculté de choisir entre deux lieux pour établir son domicile politique.

Ce domicile peut être là où on ne réside point ; il peut être là où on paye des contributions directes, n'importe leur nature.

Il y a quinze ans que votre troisième député exerce chez vous ses droits politiques ; il est évident qu'il n'a eu l'intention, ni qu'il n'a voulu faire de choix.

Il a montré la volonté de les y exercer encore puisqu'il n'a point fait de déclaration ; car il est évident, qu'une déclaration n'est nécessaire que dans le cas où il aurait voulu transférer son domicile politique dans Seine-et-Marne.

Il est constant qu'il avait, avant la loi de 1817, son

domicile politique dans l'Isère, qu'il y a voté. Or, la loi ne prescrit de déclaration que pour établir ou changer le domicile politique.

Votre troisième député a montré la volonté d'exercer encore chez vous ses droits; il n'a point voulu changer son domicile politique, puisqu'il n'a point fait de déclaration ; donc il est électeur de l'Isère. Et puisqu'il est sur la liste de vos éligibles, donc il pouvait être légalement élu parmi les députés qui doivent avoir leur domicile politique dans le département où se fait l'élection.

Cela est si vrai que si l'évidence pouvait jamais s'accompagner du doute, une instruction ministérielle viendrait le dissiper.

Votre premier député a son domicile politique dans l'Isère, le troisième l'a également; il est donc incontestable que vous pouviez en choisir deux autres ailleurs que chez vous.

Cependant, le bureau qui a examiné les titres de votre quatrième député *a pensé*, remarquez, électeurs, cette expression, il *a pensé* ; la chose n'était donc point considérée par lui comme positive? il a pensé, pour arriver à ses fins, que votre troisième député n'avait point chez vous son domicile politique.

Il a ensuite indiqué aux passions et à l'esprit de parti une prétendue *indignité*; et lorsqu'il fallait exécuter la loi, nous a présenté comme contraire à la morale publique ce que la loi permet, puisqu'elle ne le défend pas; il a rattaché, par sa question de morale publique, votre quatrième député *aux plus douloureux souvenirs* et à *un horrible attentat*; mais que n'y rattachait-il donc aussi une grande partie de la France, et bien plus encore les efforts inconstitutionnels de l'aristocratie et les efforts destructeurs et sanguinaires de l'étranger.

Voyez où entraîne la passion et l'esprit de parti : il se mentait à lui-même ; car votre quatrième déput était absent. Il organisait le département du Mont-Blanc, pendant qu'on jugeait Louis XVI. Il ne fut pour rien dans sa condamnation. Avant de s'éloigner de la Convention nationale, il demanda, à l'occasion de Louis, l'abolition de la peine de mort; il demanda que Louis profitât *du bienfait de la loi* (1). Plus tard, il fut dénoncé aux jacobins pour n'avoir pas demandé sa mort.

Au milieu du tumulte, les uns veulent aller aux voix, les autres veulent parler. Le président propose l'indignité comme l'un des moyens d'exclusion; à ce mot, des cris violens se font entendre, une vive agitation se manifeste; le président se couvre, on suspend la séance, et on va encore chez votre député lui demander une démission qu'il ne peut donner et qu'il ne donnera pas sans votre assentiment.

Il est toujours inflexible.

Decazes arrive, et au milieu de ce scandale sa présence devient un scandale nouveau; parmi les remords ineffaçables que laisseront dans son cœur les souvenirs de sa vie politique, le plus poignant de tous sera cette longue série d'outrages déversés à plaisir sur votre député, à qui si souvent il avait témoigné la plus vive tendresse; mais, puisse sa conscience plus sévère que le vertueux évêque de Blois lui faire trouver dans ses regrets un juste retour sur lui-même.

Le député Lainé parvient enfin à se faire entendre. Il ne dissimule point les doutes sur la nullité de l'élection, par rapport à l'illégalité; mais il trouve un sûr moyen d'exclusion. Il fait sortir, pour en prendre sa part, l'indignité d'un tabernacle duquel on a tiré déjà les lois d'exception.

Qui donc, s'écrie-t-il, se souvenait *du quatrième*

―――――――――――

(1) La lettre qu'écrivirent les commissaires de la Convention nationale, avant la condamnation de Louis, n'indiquait point de peine.

député de l'Isère? Le monde entier où ses vertus ont porté son nom.

Oui, Il jouit depuis plus de six ans de ses biens et de ses titres ; mais pendant plus de deux, il fut réduit à vendre des livres de sa bibliothèque pour exister. Et vous, peut-être, à l'Institut dont il fut un des fondateurs et qu'il honora toujours par ses ouvrages et ses actions, vous reposez votre nullité académique dans le fauteuil où il venait se délasser de ses immenses travaux.

Sans doute il *multiplie ses écrits ;* car il est encore permis d'éclairer les hommes, de les servir et de les défendre.

Non, il n'a point cédé à des *sollicitations* prétendues *patriotiques.* La chose n'est point étrange ; car il a toujours placé ses actions à côté de ses devoirs.

Non, sa présence à la chambre n'est point incompatible avec la liberté, lui, qui en fut et qui en sera toujours l'un des plus illustres défenseurs.

Non, les Bourbons n'ont pas à reculer devant le député de l'Isère ; Il n'est point de ceux dont vous parlez ; mais en serait-il, qu'avant de reculer devant lui, le roi aurait reculé devant ses proclamations, ses déclarations, la *Charte constitutionnelle* qu'on trouvait à Gand, la *sauve-garde de notre liberté et de l'égalité de nos droits civils et politiques* (1) ;

Devant la déclaration de Gand, qui avouait des fautes, et qui promettait, en les réparant, de ramener au gouvernement les Français que ces fautes en avaient éloignés ;

Devant sa conduite, ses promesses et ses sermens les plus solennels.

L'Indignité a fui le nom d'Henri Grégoire, et

---

(1) De la Féodalité etc. Gand, de l'impr. royale. Mai, 1815, pag. 36.

cette arme perfide que vous dirigez contre lui, l'opinion l'a tournée contre vous, et vous en a frappé vous-même.

Le quatrième député de l'Isère est plus que calomnié, et on ne présente que de pâles réfutations; on n'en présente au vrai aucune; on discute comme pour sauver les apparences, et d'autre part, on attaque avec une impétuosité sans mesure.

Tout est observé pour que la discussion n'ait pas l'air d'une défense (1).

Tout est préparé pour donner de la valeur aux imprécations.

C'en est donc fait, l'usurpation d'un pouvoir au-dessus des lois sera bientôt consommée. Par une adroite subtilité on est parvenu à confondre deux choses distinctement séparées, à voter, malgré une forte opposition sur un double fait, la *légalité* ou *l'illégalité*, et sur la prétendue *indignité* ou contre la prétendue *indignité*, quatre questions qui demandaient un jugement particulier, et qui, dans deux résultats, devaient être favorables aux hommes monarchiques et aux hommes du ministère. Ainsi, délibérant sur deux questions complexes, ceux qui étaient pour la négative de l'une, et ceux qui étaient pour l'affirmative de l'autre ne donnaient dans la délibération qu'un seul et même résultat. Vainement on faisait des réclamations; la violence l'emporta, et les réclamations furent étouffées.

On pouvait espérer au 31 mai, du 6 décembre un

_____

(1) Il est plus que probable qu'éclairés par l'expérience d'une session ouverte sous de si funestes auspices, et dont le cours est signalé par la déplorable violation de nos droits les plus sacrés, les députés du côté gauche, repousseraient avec la plus grande énergie un nouveau 6 décembre, et que les écrivains et les journalistes, s'ils étaient libres, montreraient plus de zèle et d'ardeur qu'ils n'ont fait à défendre l'innocence et à repousser le mensonge.

lendemain, mais, ô fatalité! on lit le procès-verbal; il n'est pas véridique; mais n'importe; on approuve par un profond silence l'usurpation et l'acte tyrannique de la veille.

Ce n'est point sur l'élection seulement que la Chambre a délibéré; c'est ensemble sur l'élection et sur la personne.

Cependant les électeurs sont les juges suprêmes des hommes à qui ils accordent leur confiance; dès que ces hommes remplissent les conditions qu'exigent les lois, que l'élection est légale, les députés n'étant par rapport aux électeurs que des individus, ils ne peuvent point sans usurpation et tyrannie trouver les choix nuls autrement que par l'illégalité de la nomination.

Et même en mettant tout au pire, quelle politesse doivent les électeurs au Gouvernement? Quelle déférence doivent les députés du peuple au pouvoir exécutif? Sont-ce des convenances, des déférences, de la politesse, de la part des électeurs, des députés du peuple, de celle du pouvoir exécutif, que l'observation de choses contraires aux principes, aux lois, à la raison, à la justice et aux intérêts du peuple?

Personne ne peut ravir au quatrième député de l'Isère, ses droits politiques. Comme électeur, il les a exercés; comme éligible, il peut être député, et député, il doit entrer à la Chambre.

Il fallait repousser sans ménagement la calomnie, rendre un hommage impassible à la vérité, manifester oui, manifester au besoin l'opposition la plus énergique, et, s'il y avait eu lieu, protester avec une inébranlable fermeté contre la violence et l'usurpation.

On aurait vu l'effervescence se calmer, tout serait rentré dans l'ordre, le député de l'Isère aurait pris place dans cette salle qui retentit encore des vœux qu'il fit pour notre patrie, de sa vive reconnaissance pour l'estime successive dont l'avaient comblé tous ses collègues et des marques éclatantes d'estime que lui témoignèrent de nouveau les législateurs lorsque des honneurs de la présidence il en sortit pour aller au sénat prendre la place à laquelle la confiance et l'estime publique l'avaient appelé l'opposition obstinée du premier consul.

Alors on ne vous aurait pas compromis, et avec vous on n'aurait pas compromis la France.

On n'aurait pas attaqué, et pour ainsi dire renversé la charte.

On n'aurait pas sans égard repoussé les pétitions des plus estimables citoyens.

On n'aurait pas ouvert la carrière de la contre-révolution.

On n'aurait pas mis au-devant de notre pensée des malheurs sans fin.

On n'aurait pas enfin livré la France à l'arbitraire des ministres, la France qui doit à l'âme citoyenne des Français de ne pas être encore victime de l'imprudence de la majorité de ses députés.

Vous connaissez les calomniateurs de votre quatrième député; ils ont en grande partie passé toutes les époques, et la plupart sont restés debout; lorsque Grégoire invoquait la tolérance et l'humanité, ils demandaient des persécutions. Lorsqu'il repoussait l'anarchie et la tyrannie, eux en étaient les instrumens; lorsqu'il conservait la rectitude de son caractère, eux, de bassesses en bassesses, tombaient dans l'avilissement.

Vous connaissez ses talens, ses mœurs, ses vertus, son caractère, son courage et son énergie; ses vastes connaissances le rendront encore long-temps précieux pour les affaires publiques. Il a résisté à des épreuves de tous les jours; il s'est donc rendu de plus en plus digne de votre confiance et de votre estime.

De même qu'au sénat, il n'entrera à la chambre que par réélection; c'est à vous électeurs de l'Isère, à faire ressortir son nom de l'urne électorale; frappez, frappez pour lui à la porte de la chambre, et les Troyens même qui se cachaient naguère sous l'habit des Grecs ouvriront;

Faites pour lui ce qu'il fit pour les autres. Il demanda à la Convention le rappel de Lanjuinais et des autres victimes du 31 mai.

Faites pour lui ce que d'autres firent par estime pour son mérite et son caractère; malades, ils se firent porter au sénat pour lui donner leur voix. Que les timides prennent courage; que les malades et les convalescens se fassent porter au milieu de l'assemblée électorale; que tous en appellent à leur patriotisme et qu'ils renomment Grégoire (1).

Électeurs de l'Isère, c'est à Vienne qu'est pour vous le champ d'honneur; c'est à Vienne, qui ne doit sans doute cette faveur ministérielle qu'à sa position géographique, que vous êtes appelés à honorer vos contrées, à remplir le monde de votre nom, à repousser un outrage et à réparer une grande injustice.

---

(1) Le quatrième député de l'Isère est et sera pendant cinq ans le député du département de l'Isère à moins qu'on ne prouve avec évidence qu'il n'a point été légalement élu et que la chambre elle-même reconnaisse que son élection est réellement illégale, alors et seulement il ne sera plus le député de l'Isère.

Quand je dis renomme je ne veux point dire qu'Henri Grégoire ait besoin d'une nouvelle élection pour être député je veux indiquer sa réélection comme le seul moyen de vaincre la violence et de procurer le plutôt possible pour le bien public l'entrée d'Henri Grégoire à la chambre des députés.

TRIBUNE DE LA GIRONDE.

15 janvier 1820.— N. 45.

BORDEAUX.

Seconde lettre aux Électeurs du département de l'Isère, par M. Grégoire.

Au milieu de l'ébranlement général que peut produire autour de nous cette tempête fatale, dont les premiers éclats ont retenti dans la séance du 6 décembre, est-il possible d'appliquer la maxime d'*union* et d'*oubli* à ces hommes do it l'ambition hypocrite et la turbulente folie ont ouvert dans cette journée la carrière d'une révolution nouvelle, en immolant la charte aux ressentimens de leur vanité blessée? Non, c'est un devoir pénible sans doute, mais c'est un devoir sacré de proclamer tous les titres que ces hommes, devenus si coupables par un fol orgueil, ont acquis à la réprobation de la patrie. S'ils sortaient de la lice, on pourrait leur faire une part de mépris et les laisser tranquilles; mais ils restent insolemment armés contre nos lois, contre notre tranquillité, contre notre honneur. Agresseurs imprudens, ils continuent un combat qui, vainqueurs ou vaincus, doit les couvrir de honte..... Avant de descendre dans l'arène, ils ont négligé de regarder en arrière. Eh bien! nous y regarderons pour eux, et nous ne les abandonnerons qu'après avoir montré à toute la France ce qu'ils ont été, ce qu'ils sont, et ce qu'ils seront toujours.

Pendant que les dignes agens de ces orateurs révolutionnaires abreuvaient M. Grégoire de leurs calomnies, l'ancien évêque de Blois a gardé un noble silence. Ils ont paru à la tribune, ils y ont violé leurs sermens, ils ont proféré des accusations dont tout le poids retombera sur eux. L'évêque de Blois a dédaigné de leur répondre; et maintenant ce n'est point à eux qu'il s'adresse, c'est aux électeurs de l'Isère qu'il a cru devoir expliquer ses motifs et sa conduite. C'est à ces citoyens courageux et indépendans qu'il a voulu révéler les trames ourdies contre leur mandataire, et ils doivent maintenant sentir l'affront que les acolytes du ministère leur ont fait.

Quand on a lu cette seconde lettre de M. Grégoire, il est impossible de réprimer l'indignation qu'inspirent ses lâches ennemis. De leur côté sont la haine, le mensonge, les basses négociations, la calomnie sans pudeur et sans talent. Du sien, la bonne foi, la modération, le patriotisme, la science et la vertu. Je dirai plus, le pardon même qu'il leur accorde, au nom de cette religion qu'il pratique dans la retraite, tandis qu'ils la déshonorent publiquement de leurs hommages.

Esprit faux, qui croyez ou qui feignez de croire que vous sauverez la patrie en violant ses lois : quoi ! vous ne concevez pas encore toute l'ignominie dont votre triomphe vous accable, et toute la gloire dont il pare votre victime ?

Et qui êtes-vous, pour venir avec tant d'audace insulter un département tout entier dans la personne de son mandataire ?

» Vous qui avez également servi de tapisserie aux antichambres directoriales, impériales et royales !

» Vous qui pouvez montrer vos contrats de mariage signés par les deux dynasties !

» Vous qui leur avez successivement offert d'adulatrices dédicaces !

» Vous qui, possesseurs de vastes domaines, avez trouvé la monarchique ressource d'en faire payer les impôts à vos voisins !

» Vous qui, couverts encore des lambeaux de la terreur, avez été le collègue de l'apostat qui avait acheté sa grâce de la Montagne, en persécutant les débris qu'elle avait épargnés !

» Vous qui avez proposé d'égorger les émigrés que la tempête avait jetés sur nos côtes !

» Vous qui, dans un club du département du Doubs, avez offert votre couteau à un assommeur, pour aider, disiez-vous, à égorger quelques aristocrates !

» Vous auteurs de poésies infâmes ;

» Vous qui percevez un impôt sur les sentines de la débauche..... ;

» Vous tous, enfin, fauteurs ou instrumens d'un parti aussi méprisable que méprisé, écoutez......, voici le vieillard vénérable, le défenseur des infortunés, le prêtre du Très-Haut qui vient pour vous pardonner. »

Oui, pour vous pardonner.....! votre orgueil s'en irrite ; mais en dépit de ses frémissemens, vous le subirez ce pardon dont votre victime vous flétrit, et que la France ne vous accordera jamais, parce qu'il est de son devoir de venger, au moins par son mépris l'injure que vous lui avez faite.

Et vous qui, prêtres de la même église, êtes encore plus coupables que vos complices, voici votre sentence :

» O vous, ainsi que moi revêtus du sacerdoce qui, dans une

foule de libelles, la plupart anonymes ou pseudonymes d'auteurs trop connus, m'avez impitoyablement déchiré; catholiques exclusifs, ne vous suffit-il pas de damner vos frères sans les haïr? Les premiers chrétiens, dit l'écriture, n'étaient qu'un cœur et qu'une âme : quel contraste avec votre haine persévérante! Dieu n'apprécie l'amour qu'on a pour lui, que par celui que l'on porte aux hommes. Cet amour est le lien qui unit le ciel et la terre, et là où n'est pas la charité, là n'est pas la vérité. Pour moi, résolu de fermer toujours mon esprit à l'erreur et d'ouvrir toujours mes bras aux errans, jamais l'animosité n'eut d'accès en mon âme; je me sens la volonté, et, Dieu aidant, j'aurai le courage de pardonner plus d'outrages que l'on me saurait m'en faire. »

Voilà la réponse de M. Grégoire. Il explique ensuite par quelles sollicitations on a voulu l'engager à se manquer à lui-même en donnant sa démission; comment on lui a proposé de lui rendre sa place à l'académie, qu'on ne peut lui avoir fait perdre par une ordonnance; comment on voulait le tenter en lui promettant le retour des bannis. Cette seule idée l'a un instant ébranlé; mais il réfléchit à temps que ceux qui lui faisaient une promesse au moment de violer leur promesse la plus sacrée, ne tiendraient pas mieux la seconde que la première. Quand on menace de déchirer la charte, et qu'on la déchire en effet..... On ne doit rien promettre..... Il faut avoir la majorité et frapper : c'est ce qu'on a fait. Ce serait ici le cas de se livrer à un examen auquel tout bon Français a sans doute réfléchi : M. Grégoire est-il réellement exclu, et les électeurs de l'Isère peuvent-ils procéder à son remplacement? Quant à nous, nous n'hésitons pas une minute à nous décider pour la négative. Non, M. Grégoire n'est pas exclu, parce qu'il n'existe au monde aucun pouvoir humain qui eût le droit de l'exclure : nommer un autre député à sa place, serait se rendre complice du meurtre de la charte; ce serait décider qu'elle n'offre qu'une vaine garantie, plus terrible qu'une hostilité franche et déclarée; ce serait un consentement tacite que les électeurs de l'Isère donneraient à l'insulte qu'ils ont reçue, et nous ne connaissons pas de honte plus ignominieuse que celle qu'on accepte volontairement.

La lettre de M. Grégoire est trop substantielle pour en donner une analyse; il faudrait la citer en entier, ce qui nous est impossible. Nous nous bornerons à ce dernier passage, qui montrera à nos lecteurs dans quel esprit évangélique elle est écrite.

» L'ingratitude accuse les hommes et les peuples; mais la mesure de leur reconnaissance n'est pas celle de nos devoirs.

Aimer nos semblables, quelles que soient leur couleur, leur origine, leur religion; plaindre ceux qui sont ou que nous croyons dans l'erreur, mais leur faire du bien, rien ne dispense de cette obligation qui devient plus étroite envers la société: le patriotisme peut-il être autre chose que la charité, dont le mérite s'augmente à mesure que s'étend le nombre des individus qui en sont l'objet.

Ces réflexions, dans lesquelles le cœur se complaît, m'entraînent. Je les adresse à cette jeunesse qui, imprégnée de la sève de la liberté, promet de conserver, d'accroître et de transmettre aux générations suivantes un héritage dont la conquête nous a coûté si cher. Quels que soient les événemens recélés dans le sein de l'avenir, n'oublions pas qu'en défendant nos droits, nous défendons également ceux de la postérité envers laquelle nous avons des devoirs à remplir; car (je l'ai dit ailleurs) elles sont aussi de la famille ces générations qui dorment encore dans le néant, et qui arriveront à la vie quand nous dormirons dans le tombeau. Nous stipulons même pour les nations étrangères, qui autrefois avec jalousie, aujourd'hui avec une effusion d'épanchemens fraternels, attendent l'issue de la lutte dans laquelle l'imprudence et la mauvaise foi viennent de nous engager. Il m'échappe de dire que je redoute une conspiration européenne contre la liberté; mais les peuples sont debout, tenant à la main la charte de la nature et de la justice. Un mouvement général est imprimé aux esprits dans les deux mondes. Les vertus, le courage, les lumières peuvent rendre à notre vieille Europe tout l'éclat de la jeunesse; cette heureuse métamorphose s'opérerait sans secousse et sans subversion réelle ni personnelle, si les gouvernans n'étaient la plupart en arrière de leur siècle; si, connaissant mieux leurs véritables intérêts, ils s'identifiaient avec les peuples; si une éducation plus solide, faisant marcher de front, avec les développemens de l'intelligence, l'éducation trop négligée du cœur, écartait les dangers de la licence qui serait le tombeau de la liberté; si le caractère national, auquel si souvent on a reproché, et non sans fondement, d'avoir dans ses opinions l'instabilité de la mode, abjurant ses formes fugitives, unissait enfin à la sagacité pour saisir les vrais principes, une persévérance inflexible à les défendre. Ce manque de caractère dans des hommes en place est toujours une calamité.

Messieurs les Électeurs, une partie des faits que j'ai placés sous vos yeux sont déjà connus par les journaux et la rumeur publique; mais cette connaissance est altérée, peut-être, par les passions qui dénaturent tout. Vous exposer avec franchise ma conduite c'était acquitter un devoir. Vous jugerez si, en opposant une inflexible résistance aux tentatives faites pour obtenir ma démission, j'ai répondu, autant qu'il était en mon pouvoir, au mandat que j'avais reçu de vous. Eussé-je erré en adoptant ce parti, une erreur involontaire n'accuserait pas la pureté de mes intentions.

Dans le cours de ma vie, j'ai fait provision de souvenirs consolans et honorables. Ce trésor s'est accru par votre choix. Un coup d'état m'écarte du poste où d'autres, avec plus de talent et non avec plus de zèle, défendront les droits de la grande famille et ceux d'une contrée qui, l'une des premières aux yeux de la France, fit briller le flambeau de la liberté. Fasse le ciel que ce coup d'état ne retombe pas sur ses auteurs, et qu'il n'aggrave pas le sort de notre malheureuse patrie! Mais ils ne sont point rompus les liens d'estime et d'affection qui m'unissent à vous. Par votre organe, je transmets ces sentimens à vos concitoyens. Les lieux qui m'ont vu naître, tous ceux auxquels m'attachèrent des fonctions dans les hiérarchies ecclésiastique et politique, se retracent avec un vif intérêt à ma pensée; et tant qu'il me restera un souffle de vie, en me rappelant la Meurthe et l'Isère, une douce et tendre émotion agitera mon cœur.

GRÉGOIRE, A. E. D. B.

Paris, premier janvier 1820.

Extrait du procès-verbal de la chambre des Députés.

CHAMBRE DES DÉPUTÉS.

Présidence de M. Anglès, doyen d'âge.

Séance du Lundi, 6 Décembre.

Un des premiers députés a *incontestablement* son domicile politique dans le département de l'Isère.

« Quant à M. Sapey, nommé le troisième, le bureau
» pense que son domicile politique n'est pas dans le dépar-
» tement de l'Isère, et qu'ainsi il n'a pu être nommé que
« comme étranger à ce département; ce qui obligeait né-
» cessairement de choisir le quatrième député parmi les éli-
» gibles du département de l'Isère. Le choix qui a été fait

» d'un quatrième député étranger à ce département, est donc
» une infraction manifeste à la disposition contenue dans
» l'art. 42 de la Charte; ainsi cette nomination est nulle et
» ne peut être suivie d'aucun effet.

« Tel est l'avis du 5ᵉ bureau; il a pensé que M. Grégoire
» n'ayant aucun titre pour être admis dans la Chambre, il
» était inutile de soumettre à la délibération une question bien
» plus grave qui agite tous les esprits, depuis le jour où le
» bruit de cette élection a retenti dans le royaume, question
» de morale publique qui se rattache aux plus douloureux
» souvenirs, puisqu'elle rappelle un horrible attentat.

« M. le rapporteur termine en proposant à la Chambre de
» délibérer sur la disposition suivante.

« L'élection de M. Grégoire, nommé député par le collège
» électoral du département de l'Isère, est nulle. »

» On demande à aller aux voix sans discussion; un grand
» nombre de membres s'y oppose, et demande que l'exclu-
» sion soit appuyée sur un autre motif, celui de *l'indignité*.

. . . .

» La discussion est fermée.

» M. le Président pose la question de priorité; il s'élève
» une discussion qui est terminée par l'observation que fait
» un membre qu'il n'y a eu de part et d'autre qu'une propo-
» sition, celle de la non-admission; et que l'on ne s'est divisé
» que sur les motifs qui ne doivent pas être des objets de dé-
» libération.

» La chambre se range de cet avis.

» En conséquence la non-admission est mise aux voix: per-
» sonne ne se lève à la contre épreuve; la non-admission est
» prononcée. »

» La séance est levée.

Anglès.   Casimir-Perier.

De Wendel.   le Carlier.

              Saint-Aulaire.

*Extrait de la notice qui accompagne le portrait d'*Henri Grégoire *dans la collection des personnages célèbres de la révolution.* Paris, an IV, (1796). In-4°, tome 4.

GRÉGOIRE.

Malgré l'esprit de parti, si ardent à flétrir les meilleures actions et à calomnier les hommes les plus honnêtes, le nom de Grégoire réveillera toujours l'estime, et inspirera un intérêt fondé sur le sentiment incontestable de ses principes vertueux et de son inflexible dévouement à la cause de la liberté. Peu d'hommes parmi ceux qui ont été appelés à jouer un rôle dans la révolution, ont eu sur les événemens publics une influence plus honorable. Grégoire, dans tous les temps et jusque sous le glaive des factions, ne cessa jamais de présenter la liberté comme la compagne des beaux-arts et l'amie de toutes les vertus pacifiques et bienfaisantes. Qui peut calculer le degré de reconnaissance que lui doivent les sciences et l'humanité, lorsque dans ce foyer de passions violentes et exaspérées, où tout était sacrifié à l'ambition ou aux vengeances des partis opposés, Grégoire montant à la tribune, venait y adoucir les âmes et y captiver les esprits par des idées conservatrices, ou par des sentimens de bienveillance publique? Qui pourrait lui contester la gloire d'avoir arraché des mains du vandalisme révolutionnaire les monumens et les chefs-d'œuvre du génie dont la France s'honore, d'avoir rappelé à l'émulation et à la confiance tant de savans et d'artistes utiles, prêts à tomber dans le découragement, ou à porter loin de leur patrie le tribut de leurs veilles et de leur talens? Sans être l'instrument d'aucune faction, Grégoire fut un des premiers, après la chute du trône, à demander que la république française fût proclamée; si elle le fut au profit de Marat et de Robespierre, l'histoire ne lui en fera pas un crime, et il sera regardé comme le fondateur non de la république avilie par les crimes des factions et des réactions sanglantes, mais de la république victorieuse et triomphante par le double empire de ses armes et de sa législation.

Mon Opinion sur Grégoire.

En voilà encore un qu'on n'appellera pas *aristocrate*, j'espère. Eh bien, la douceur de son caractère, la candeur de son âme, son esprit, ses talens, sa constante amitié pour moi me l'ont rendu si cher, que je ne le vois jamais sans éprouver un frémissement de cœur, qu'excite naturellement l'approche d'un homme qu'on revère et qu'on estime. Cependant nous ne pensons pas de même sur bien des points.

DE REIGNY, dit le COUSIN JACQUES, *Testament d'un électeur de Paris*, an IV, 1796, p. 148.

---

*Vers d'un portrait d'*Henri Grégoire, 1790.

Des droit sacrés de l'homme intègre défenseur
D'une secte hypocrite il méprise l'envie ;
Et fidèle à la loi que lui dicte son cœur,
Il croit servir son Dieu, lorsqu'il sert sa patrie.

LE RAPPORTEUR DU CINQUIÈME BUREAU.

« On oublie ce que la royauté doit être en France. Le roi a donné la Charte; pourrait-on ne pas la suivre : et, parce que l'usurpateur a fait peser un joug de fer sur le corps législatif, la chambre doit-elle augurer un pareil sort sous le gouvernement paternel du plus juste des princes? Qu'on écarte donc de vaines alarmes : sous l'empire des Bourbons, la chambre sera ce qu'elle doit être, et saura, en conservant l'indépendance qui tient au caractère français, contribuer avec le souverain à assurer le bonheur de la France. »

BECQUEY, *sur la loi des élections.*
21 *février* 1816.

FIN.

IMPRIMERIE DE P.-F. DUPONT.

Contraste insuffisant
NF Z 43-120-14

www.ingramcontent.com/pod-product-compliance
Lightning Source LLC
Chambersburg PA
CBHW060928050426
42453CB00010B/1898